Bettina Balàka – Im Packeis

BETTINA BALÀKA
IM PACKEIS

GEDICHTE

DEUTICKE

Bettina Balàka, geboren 1966 in Salzburg, Übersetzer- und Dolmetscherausbildung (Englisch/Italienisch) in Wien, lebt mit ihrer Tochter als freie Schriftstellerin in Wien. Mitglied der Grazer Autorenversammlung und des Literaturkreises Podium. Veröffentlichte in zahlreichen Literaturzeitschriften sowie in Anthologien und im ORF. Erhielt sämtliche Förderungspreise und Auszeichnungen, zuletzt den Österreich-1-Essay-Preis 1999. Bisher erschienen: *Messer.* Essay (2000), *Der langangehaltene Atem.* Roman (2000), *road movies. 9 versuche aufzubrechen* (1998), *Krankengeschichten* (1996), *Die dunkelste Frucht.* Gedichte (1994).

»Oder Orte, nie gesehene, zum Beispiel Stockholm oder Aden am Roten Meer oder Samarkand. Man hat da keine Erinnerungen und doch etwas vor Augen, in Aden zum Beispiel lauter Öltürme, Ölschiffe, Asphalt in furchtbarer Hitze schmelzend, Wüstenhügel, aber nichts vom malerischen Orient, und die Fremdenschiffe, die Vergnügungsschiffe, fahren alle vorbei. Ich sehe mich da, wie ich in einem traurigen heißen Büro Zahlen schreibe, endlose Kolonnen, oder an einem Blechtischchen sitze und trinke, und die Stunden, die Tage, die Wochen wollen nicht vergehen. Wie ich dorthin gekommen bin, wie ich überhaupt zu diesem Beruf und diesem einsamen verzweifelten Trinken gekommen bin, weiß ich nicht. Auch in anderen mir unbekannten Städten führe ich fremde seltsame Existenzen, von denen ich nicht loskommen kann.«

MARIE LUISE KASCHNITZ, ORTE

KOPFREISEN, KOORDINATEN

CHAITÉN

I.
Vögel fallen aus dem Nebel
Pilzbäume, Baumpilze
wachsen übereinander her
die Stufen haariger Götter
oder Baldachine voll
tropfender Blüten
darüber der Berg
mit dem gesichelten Gipfel:
ein Halbmond von Schnee
auf einem Wellenvorsprung
die Alerce-Zeder, moosboabehängt,
zögert zweihundert Jahre
bevor sie die ersten
Samen erschafft
nur mit Äxten und Ochsen
werden dreitausend Jahre
zusammengepflückt zu
einem einzigen Tag
einem holzigen Dollar
einer Nacht satten Schlafs
gemahlen zu Baumstaub
von dem sich die geifernden
Bagger ernähren
die Lastwagenherden und
das aus der Ferne
herangehungerte Schiff
die gärenden Holzschnitzel
verdampfen zu Papier:
dem Kompost der
beschriebenen Welten
im alten Wald aber
sprühen die Flüsse, Schnellen,
der Gischtschuß gerinnt
zu springenden Strängen
von Glas
die Wasserfallköpfe
verwuchern ihr Farnhaar

kein Feuer das je
in diesen blauen
Feuchtigkeiten erblüht
mit einem Boot
kann ich sehen:
die gescheckten Robben
rasten am Fjordrand
der unbetretbaren Abgründigkeit
und ich halte ein Schwein
vor meiner holzverbogenen Hütte
das seinen Rüssel
im Regen versenkt

II.
Nadelbäume stechen mich
durch das Kissen
das alte Bootshaus
schimmert und schwankt
wet boards under my feet
wet birds in the tree-tops
verzwitschern ihre
tröpfelnden Silben
irgendwo werden Fische
gehalten in Gehegen
ihr Landabstand wird studiert
vermessen der Schuppenglanz
die Paarung der Gewässer
ich verfehle die Schlafspur
im zottigen Regen
wie gefährlich es in
den Lehmleitern schwingt

LUXOR

I.
ich bin in Luxor gestrandet
auf der Suche nach
der Quelle des Nils
ich habe mich in
das Wasser gebeugt
in dem ein keramikblaues
Nilpferd stand
als wäre die Ewigkeit
so beglänzt wie sein Rücken
goldene Zigarettenschachteln
prägten den Zivilisationsregen
umgemünzt auf meine
Geheimfahrt
prasselten im Feuerwerk
von der Reeling
und ich wußte
dort unten im salzigen Süden
würde das Schiff sich
auf die Kippe verneigen
der Tempel und schwarz-
gebänderten Königsaugen
uneingedenk
ein Ramsesfuß würde unerkannt
aus dem Wüstensand ragen
ich würde das Schlammtal, die
Malachitfrüchte, alles
vergessen
und in den Stromschnellen
würde der Motor sich
sinnlos verstrampeln
der in Luxor noch
Leibwache war

II.
ich verschlucke den
Lebensschlüssel, das
Lebenszeichen, den
Spiegel
und aus mir spricht sich
die heilige
häufige Versilberung *ankh*
in meinem Schrein
sind nichts als Inschriften
gesammelt
abgetragene Mauern
sie verspießen sich zu
einem unentwirrbaren Turm
aus dem Schlangenstücke ragen
Narben und Haken
die Irrgänge sind
mit Salzwasser geflutet
(Schweiß der die gewölbten
Wände bekriecht)
ein Gebirge von Schüssen
versteckt sich hinter mir
der Wind seufzt
wie ein Wechselbalg
durch die gerinnselnden Fugen
ein Gebirge von Schüssen
ich verstecke mich
im tiefen Schlund des Granits

REYKJAVÍK

I.
runde Stadt, die auf
Eisschollen schwimmt
ein Heim den Vögeln auf Holmen
die Wächterfigur
die den Eingang vertürmt
ist geschnitzt aus grünem
Gletschereis
Wikinger biegen die Kiele
als mitternächtliche Schatten
legen immer
und überall an
so viele Wasserwege
die an den Wellblechfassaden
versprühen
Rauch buchtet sich
zu Gesichtern, Versuchen
auf den Gehsteigen
schmilzt geothermisch
die angewachsene Narbe
des Eises
nur das Moos, das dicke
überkommt den Vulkan

II.
mit einem Ausbruch
spuckt die Stadt
mich weit in die Wildnis:
Bärentatzen, klirrendes Bergfell
schiebt sich heran
schwarzes Staubprasseln
bläht sich
das den gequetschten
Gletscher marmoriert
die Lava blickt
mit Alligatorenaugen
aus den zähen Falten
der Erdhaut
Krater, Paukenhöhlen,
aufgeschmolzenes Klaffen:

wo Jules Verne hinabglitt
verläßt meine Hakenschuhe
der Anhalt
die Unterwege nach Stromboli
sind mir verschneit:
in so einem Herzschlot
habe ich meine
Liebe verloren
das rote Metall, die Substanz
ist verdampft

ULAANBAATAR

I.
heute Nacht will ich
von Ulaanbaatar träumen
aber es ist nur der Mond aufgewacht
mit einer bestickten
bestrickenden Kappe
oder ist es die Mondin
mit ihrer Widderhornfrisur
die steppengrüne Prinzessin
ich werfe als einzige die Angel
in das Fischegewimmel
denn die Mongolen umgehen
das kalte Getier und den See
es riecht nach tausenderlei
rauhen Kräutern
die Mütter schießen Murmeltiere
machen Mützen daraus
ein Schaf stirbt schläfrig
wenn ihm sein Hirte sanft
drei Finger in das offene
Brustfleisch schiebt
und die Schlagader zerreißt
der baumlose Himmel
stülpt sich über die Hügel und
abgebrochenen Klöster
malt Glühmale auf die Wangen der Kinder
verschwundene Urkunden werden
vom Lama gefunden
Tauftage, Hochzeitsnächte
wie Sternwürfe berechnet und beschaut
der Kalender bringt Glück oder Unglück
die Butter wird
zu üppigen Türmen gebaut

II.
durch die Stadtstraßen galoppieren Reiter
jedes Auto ist
namentlich bekannt
jede Wohnung ist bekannt und wird
nachdem dort einmal
ein Verbrechen geschah
niemals wieder bewohnt
die Kleidung nimmt die Herzgreuel
ihrer Träger an
darum ist die Weitergabe gefährlich
wenn das Licht ausfällt
drängen sich hinter Zäunen
die feuerbeleuchteten Jurten
der ausgehöhlte Kulturpalast
wird mit einem Kino
oder Supermarkt wieder gefüllt
im Sommer die Feste, Paraden,
Brautpaare, Ringer,
Trinkspiele mit vielen
Fingern und Liedern,
das unverwundbare Banner
Tschingis Chans
es gibt Hammel zum Frühstück
(und Wodka statt Airag
wenn die Stute wieder lahmt)
es gibt geflüsterte Gerüchte
wenn den Kühen der Kopf fehlt und
das Winterheu verbrennt
es gibt herdnahe, unruhige Nächte
wenn der Winter kommt
alles auffrißt
und Sturmgeschichten erzählt

ZARAMAG

I.
wo aus den Dörfern
Wollfäden hängen
Wolfsklauen, versilbert,
an Ketten
Heerstraßen spannen sich über
die Pässe
hinter jedem Felsen ein Halt
ein Hinterhalt
ich hole mit meinem Silberkrug
Wasser
von oben, von
noch weiter oben
mein Maultier drischt
mit den Hufen das Stroh
und in der Kargheit stapeln sich
die alten Gewehre
Knochenbündel
ein Schuß für jedes
versteinerte Echo
Schafe quellen
Grabsteine verschrägen,
verschränken sich über den Hang
das Brot wird abgebürstet
auf die Holztür mit einem Pinsel
ein Kringel gemalt

II.
eine eiskalte Spinnwebhaut
die uns einhüllt
und zurückhält
bei den nacht-
und nacktfröschigen Pilzen
da ist etwas vor uns,
plötzlich, in der Erde
ein Rauschen
eine Quelle bricht aus
zwischen den Samtschenkeln
der Gesteine gekühlt
und wir machen noch

Rätselspiele
stellen rundum
verwobene Fragen
(wo in der Nomenklatur?
wieviel Prozent?)
ist rot oder grün
wo die Flechten sich
im Häkeldeckchenwuchs
voranfressen
eine ewige Schulzeit
haftet in der Höhle
an unseren Händen
das war die Kleine
aus der ersten Reihe
das war die Stumme
die Thermostee trank
und immer eine
die die Fragen wußte
oder stellte:
warum sitzen wir hier
im zerklüfteten Arm
der Gebirge
und Ophelias Veilchen
schwimmen im Gletscherbach
über unseren Fuß?

AM HERD

WERKSTATT

ich werke am Herde statt
Werke zu schreiben
brettere Böden los bis
zum Holz
bin Hoblerin, Spänerin
nägle mein Treiben
fester, gefugt und geleimt
bolzenstolz.

ich säge die Küchen
kredenz einen Krug
der aus dem Stumpf
eines Bäumlings gehöhlt
ich gehe am Leim auf
den Un oder Fug
sprech mit Schiefern im Kiefer
und von Harzen geölt.

ich breche die Treppe
und wendle hinauf
in das Obergeschoß
das nie trifft
und die Feuergefährlichkeit
läuft mit mir auf
als wär ich ein Stamm
auf dem Fluß in der Drift.

WAS BLIEB

opus vermiculatum
die Würmer laufen schief
das Mosaik ist brüchig
die Steinchen sind Motiv

opus barbaricum
die Kiesel klackern rauh
von Flüssen rundgeschliffen
durchschlängeln sie den Bau

in meiner Nacktheit träume ich
ein Haus zu haben
das verbunden ist mit Himmeln
und unteren Welten

zu leben in allen
vier knusperhäuslichen
Räumen des Windes

mein eigenes Reich zu krönen
(weil meine Wohnung
mit der richtigen
Winkelschiefheit gebaut ist)

in dem sicheren Bett zu schlafen
in dem meine Mutter starb
mein Vater vielleicht
auf die Welt kam

ein eisernes Herdtürchen zu öffnen
das in die Höhlensysteme
der Nutzgeister führt

selig, segelig aufgespannt zu sein
zwischen den Pfosten des Lebensgefüges
und der Weltmaschinerie

aber ich bin nur das Reh
das aus dem Wasser äugt
den spielverkehrten Tiefen

der Sommer schlingt sich
um mein Bein
und fliegt davon
und zieht hinab

nun liege ich da
tote Katze
die vom Dach fiel
und ohne siebenundsiebzig
Umdrehungen aufkam

HAUSMÄRCHEN

ach Rosenrötchen & Schneeweiß
die Zwerge im Garten stehn starr
keine Karren, kein Graben
kein Goldschatz

nur ein Amselmann schwelgt
geputzt aus der Kehle
schickt reife Brombeeren
an das versteckteste Ohr

Flugschirmchen schweben
gemächliche Samen
blicken schläfrig und
wachsam nach Platz

der Brunnen quietscht
mit dem Schwengel
ein abgeblätterter
grüner Hydrant

die Blindschleichen flinken
versilbert von Hitze
aus dem Tritt
vor einem verwurzelten Wegstück

Mädesüß, die Bräute
und Myrten der Wiesen
klimpern mit goldenen
Cymbeln im Wind

das Haus sinkt
unbesitzbar, besessen
ins kalte Kellergeschoß

kein Getischle
keine Rankwand
kein harzfrischer Dachstuhl

nur Bärenträume
die Nachtadern verschwundener
Berge

nur Küchenkraut, Rübenkraut
überwachsene Wäsche

und die Minze
blinzelt verwildert
in den eigenen
geräumigen Duft

GEDICHT FÜR EIN GRUNDSTÜCK

eine eiweiße Taube, entflohen
verwunschene Prinzessin
trinkt aus der Grasschale
ihr Wassergedächtnis, pickt Samen

wie viele mögen noch leben
und schlafen
unter den dichten Dächern
aus Callablatt

am Brunnenufer der Kirche
die unbesucht, verschlossen, verfällt
von Märchen angewachsen wird
an der untersten Wurzel

Lilienschwerter klingen mit
Blaulust über die restlosen Beete
verzieren keine Ordnung
verordnen keine Zier

vertrocknen unberührt in
den sommerlichen Kokonschlaf
nah bei der Dornenhecke
nachmittags: ein Teekessel

voller Rosen
verdunkelte Briefchen
unter Weinlaub und
Hagebüsche gestreut

die weißen Röcke blinzeln
unter kostbaren Schirmchen
Stoffe und Spitzen
streichen vorbei

da schlägt die dunkle Affenholzuhr
in und auf den gemauerten Pfeilern
ein Kanalbett rächt sich
eine Zwischenstadt tritt ein

und die Waldbeeren tanzen
zwischen Gezäunen, Gevierten
wer nur den Blick senkt, sieht sie
mit Fächern im schwirrenden Kranz

AM LUNZER SEE

am Weg sitzt eine Eule
aus Teichkraut
das im Bach schwimmt als
chapeau und bateau

in den Brombeerbüschen
der Säume
leuchtet
ein Erdbeerkäferchen auf

unter der doppelten
bienenbestürmten
narbenverquollenen Linde
versteckt sich ein
bretterbegehbarer Teich

die Türkenbundlilien
krümmen sich rötlich
angeblich ist einst
im Gesicht der Madonna
ein türkischer Säbel gesteckt

der fasrige
morschige Steg
als wäre er aus
versteinertem Holz

& darunter ein dunkles
schattiges Platschen
das Schwappen der Kühle in
abendlicher Koboldluft

den Kühen klingeln die Hälse
über Holunderbüsche und Gras
& nur die blauen Disteln
strecken
ihre Stachelnacken lang

wir brauchen am Kummet
ein Dachsfell
das vertreibt das Böse
in Blick oder Geist

ein Glühwürmchen
blendet den Schein auf
in der Garagenausfahrt

die Geräusche sind deutlich
in jedem Tier
steckt ein eigener Schrei

seit dem Tod des Einhorns
findet die Insel
im oberen See keinen Halt

ich bin von den Felsen gekommen
wie eine salige Frau
Stimmen bergab auf dem Weg
hinter mir

& du hast gewunken
ganz ohne Wind
in einem verzauberten Eschenzweig

aus deinem fruchtbaren Haarboden
keimt eine Linde
der kleine Bovist macht sich laut
aus dem Staub

dein Hüftknochen ist heiß
wie eine Sichel
die heilige Notburga steht
mit einer Sichel im Feld

die breite Sichel des Nebels
fährt
aus den Gärten der Pestwurz

schwingt sich für hundert
verwunschene Jahre
als lichtstille Klinge
über den See

AM MICHELBERG

es tanzen dort oben
die Winde am Berg
in roten Röcken und Rüschen
von hier jede Front
und Bewegung zu sehn
das Rascheln tektonischer Säume
es sticht der Stab der
Sonne nach mir
stabbing, stabbing! und ich werde
zum Drachen (not a dragon
but a kite) an ein Spankreuz genagelt
mit roten mit Kunststoff mit
flatternden Flügeln
what a sight
what a sight
die Burgen die Felder der
Fluß und die Stadt
ein braunes Kreisen der Steinwelt
und ich rufe: das Seil los!
und ich treibe nicht ab
schwebe still über Tisch-
oder Bettmonolithen
wie ein Turmfalke Sturmkraft
zum Stillstehen nützt –
unter mir sitzt erstarrt
im rosa Korsett
die mit dicken Kitten
beschmierte Kapelle
von Wasser von Waagen
in Gerade gefaßt
gewinkelt von Linealen
und ich lande rittlings
am giebligen Dach
the raging of the shrew!
die Zähmung der gespenstischen Winde

KITZECK

die Kürbisse kollern wie Köpfe
über ein Fußballfeld

gelb gerollt und grün gestreift
auch die Apfelhaut ist aus Leder

das Kerngold mit einem Löffel geschabt
am Abschuß verrotten orange-
rote Spalten

Äpfel und Holler hinunter zum Bach!
hängen steil von den Hängen in Trauben

der gerebelte Wein ist rechengereiht
zu Rängen von lauslosen Stöcken

jeder Taldurchgang durch
einen Maishain versperrt

(Amerika! Kolben und *kernels* und erd-
schwarzes Öl
und grüne und fasrige Bärte)

Mistkäfer kennen den Rundwanderweg
als schillernde Pferdäpfelbroschen

und vom Klapotez zwetschken die Stare
aus dem Holz: klapp klapper

gefolgt von geworfelten Wolken

AU-ABEND

Wassergedanken und
wahnsinnige Worte

weiß keine Schleichwege
stürme nur über Steine
pflücke Walnüsse aus
ihren duftenden Hüllen
(es ist Herbst)
zerstückle sie zwischen Steinen

weiß keinen Weg über die Grenze
und hinter der Grenze
verrückt das Zurück
zu Sintfluten dahinter
besteht die Au aus
kommunizierenden Gefäßen
noch ohne Stau, ohne Damm
ohne Bausauereien
ertrinken Weidenleichen würdig
in birkengoldlaubbestreuter
Wasserstille

Lampionpflanzen
torkeln aus dem Gebüsch
leuchten mit orangen Ballonen
Irrlichter flunkern und
bald ist es dunkel
(es wird früh spät im Herbst)

weiß keine Flug- oder Tauchroute
über die Flüsse
ihre Adern und Arme
weiß nur Wildnis, Wildnis
vor und hinter der Menschengrenze
Lianengewirr
wo sie die Bäume kettensägten
vor den Au-Augen der Besetzer
wächst wieder Gestrüppüppigkeit

der Schlamm schluckt Menschenschritte
in den Wäldern jammert das Holz
dunkel schwimmen am Horizont
heran die Schlieren der Nacht

weiß kein Moosbett
kein Flußnest
kein Lager aus Gras

nur Wassergedanken und
wahnsinnige Worte

DER UNTERIRDISCHE SEE BEI

das Boot plätschert
in einer grauen Weise
wir sind herabgestiegen
durch glänzende Gänge
in einem eiskalten Wind
feucht, von Fackeln
durchschattet die auf-
und zusammenschließenden Stollen

der See konnte steigen
das Werk im Berg ist stillge-
eine graue, schimmernde Nacht
Reise im Kreis um steinerne Säulen
wo ein Boden in eine Decke einfließt
in klamme, kratzige Grubendecken gehüllt
(und Wasser in Wände in katakombischen Zug)

das Gewölbe droht auf uns hereinzu-
es ist bleigrau, stahlgrau
eine gesprengte Höhle der Nazis
Gruft für die Flugzeugproduktion
unser FÜHRER versucht die Romantik:
mit bunten Scheinwerfern
Reflexe zu erzeugen
leuchtet, Kinder und Touristen, im See!
das Boot hat nicht mehr ange-
vom Steg fehlt ein

es ist hier kein REICH
rotzipfelmütziger Zwerge
die in glitzernden, lieblichen
Grotten Schätze einfahren -
am Grund liegen die Knochen der
Zwangsarbeit
in Lagerkluft graue Gestalten
man sieht sie, im Wasser,
Maschinenteile zusammennähen

HALLSTATT

die Versteckspiele der Schwerter
in den Gräbern
wo ein Ring von Kriegern
auf die Aufgräber stieß
sie hielten alle, wird beschrieben,
das Gesicht zum Talausgang gerichtet
lagen mit Brillenfibeln befestigt
von Glas & Bernstein umklirrt

bis die Spaten
ihre salzverkrallten
Rippen aufstachen
und man sah
wo die Sole
zu Kienspangewölle
verkocht war

das alles abzutun

zwischen baumgeschärpten Gebirgen
die Entfackelung
das Aufeinanderfaulen der Stollen
das losgehämmerte Blattgold

und statt eines Hallens
die Milchmittagsstille
im Felsen eingeschluckt
lagern die Schauer
eine Zauberzille
sticht
in den See

ABENDSTIMMUNG AM LOSER

diese verherrlichte Bergwelt
mit rosa Gestaden
schimmernden Felsbrücken
& -hüten
von lichten Wolkengletschern
überschwebt

da muß es doch geschehen
daß sich vor Entspannung
die Handbremse auflöst
das Auto loskollert
und in den stumm
beglitzerten
Talabgrund stürzt

ALS KIND EIN SPAZIERGANG BEI HELLBRUNN

der Herbstgeruch nach
gebrannten Kartoffeln
auf einem sonnigen
windigen Feld

und die Krähe
das angeschossene Geschenk
eines Bauern
sitzt steif in ihrem Gefieder:
ein für die Trennung
zu heilender Freund

es gibt immer eine Allee
die in eine duftende
Koppel mündet
voll frischer und
modernder Späne

es gibt immer ein Zuhause
mit Kastanienketten
einen von Herbstblättern
knisternden Ort

ALS KIND EIN SPAZIERGANG BEI LOFER

ich sehe einen Winter
mit Schneerosen am Straßenrand
meine Mutter hat sie gesucht
sie hat das Auto angehalten
sie hat meinen Vater aufgehalten
wir gruben unsere Nasen in feuchte Erde
wir sind wie Osterlämmer
um Palmkätzchen getollt
die Weidezäune waren gefroren
die Waldränder tauten schon auf
nur wenige Sprünge entfernt von der Heizung
dem »Ring of Fire«-Autoradio
aus einer Eiskruste gebrochen
ein winterbleiches Genesungsgesicht
vielleicht mit einem Anhauch von Rosa
einer Pinselspitze von Grün
ich rannte zurück über die Koppel
die ertränkten Büschel von Stroh
angelockt von den Veilchen am Rücksitz
Zuckerguß und Zellophan

HEISSLUFTBALLONS

der wolkenverglommene Eingang
zum Sonnentunnel
darunter im Dunst
ein gerundeter Pilz aus den Hügeln
eine Montgolfière!

schemenschwerer Ballon
schnaubend wie ein Feuerpferd
in den silbernen
herbstlichen Nebeln
hinter dem zartgefingerten Dickicht
von Eßkastanienlaub
der Brandgeruch der Ruinen

am Waldboden eine tote
weiße Maus oder ein
Stück Watte
ein tropfender Schopftintling
mit rußigen
öligen Flecken am Fuß

vor vielen Jahren
als kindlicher Geist
saß ich in einem Heißluftballon
der gestreift war wie Zahncreme
rot und weiß
auf einem blitzblauen
Plastikplafond

DER TEPPICH

der Teppich (gestreift)
hängt vom Wäscheständer
wie ein pharaonischer
Kopfschmuck

das Gesicht ist leer
wie sonst nur die ausgeschlagenen
Augen aus Stein
oder starrem Onyx

eine Löwin hat ihn zusammengescharrt
und Beute darunter verborgen
oder Junge geboren im Zelt

als ich Kind war
flog ich auf umgedrehten Tischen
zu Pyramiden und finsterer Sphinx

ich war Beduinin
im gestreiften Kaftan
die im sandigen Schatten
Kamelkefir trank

jetzt wo es heiß ist
wird ein Teppich gewaschen
und über ausgebrochene
Dielenbrettchen gelegt

WEIHNACHTSZEIT

dieses Elend, dieses Elend in den Banken
wo kleine Zauberkuchen auf der Theke stehn

dieses Elend, dieses Elend in den Kellern
wo Waschmaschinen sich um Witwenküsse drehn

diese Freude, diese Freude in den Fenstern
wo Taubenbanden mürbe Teige kühlen sehn

diese Freude, diese Freude in den Nächten
wo Sterne zimt & zuckrig durch das Zimmer gehn

IN DER SCHLARAFFENHÖHLE

ein großes Stück Kuchen
versperrt den Eingang zur Tür

eine Zuckerstange spazierstockt
Kringelgewinde im Kreis

eine blaue Teekanne rotiert Blumen
von süßem gelbrosa Speck

ein Fledermäuschen nascht Steinmilch
die eisig quillt von der Wand

ein Bratapfel glänzt von Tonsuren
Hinterglas rötet sein Fleisch

eine Sonne spuckt Kerne strömt Öl aus
die Laterne bröckelt zwiebäckern ab

ein Stollenstiefel steckt klebrig
in der Grießmasse fester vor Gram

ein Stück Marmor geht auf und wird Kuchen
versperrt als Ausgang die Tür

ZUM ZAUN ZURÜCK

keine Nabelschnur
keine Nabelschnur
kein verbindendes Kabel
nur mein langer Blick zurück
über den schroffen Kindheitszaun
in einen rußigen Küchenraum
wo Mäuse und Gespenster
durch Fensterritzen flitzen
wo treue Häuslichkeiten
die Deckenbalken stützen
keine Nabelschnur
die mich damit verbindet
die immer zurück zum Suppendunst
zum Strohmoder, Herdlodern findet
nein, keine Riten der Initiation
haben mich über
den Zaun gehoben, nein,
der falsche Föhnwind hat
mich durch seine Planken geschoben
kein Hausaltar
kein Penatenschrein
glost mein Wandern
mit Weihrauch ein
kein Ruf zurück
wenn ich gehe
wenn ich dem alten Zaun
einen hungrigen Rücken zudrehe
und mich wie ein Vampir
wie ein einsames Tier
durch Wälder, Nächte, Zweifel zwänge
in wilde, fischkalte Bäche
die Wärme meiner Wäsche hänge
wenn ich krieche, schleiche
fliehe, weiche
wenn der Tag wie ein Dämon
über mir blitzt
wenn kein Sarg mich erwartet
keine Kammer mich schützt

dann führt zum Zaun zurück kein Weg
kein Brückenstück, kein Pfad, kein Steg
und auch mein langer
Blick erblindet
wenn keine Nabelschnur
mich bindet

das Kind in meinem Hunger
biegt Bauch

es greift nach mir
mit schnürenden Händchen

es saugt Wände ein
dehnt sie nach außen

nicht vor Lachen
vor Fehlen

das Kind in meinem Hunger
schwimmt Lungen

es wickelt sich
um meinen Hals

es preßt wehe
wenn ich es vergesse

nicht vor Flügeln
vor Geschlossenheit

das Kind in meinem Hunger
macht Beine

es beißt sich
kokonstäubend frei

und es geht mir zuletzt
aus der Haut

nicht vor Fürchten
vor Verlust

NETZE

es sind keine Fischernetze
die an dieser Hauswand wehen
es ist nicht das blaue Meer
das hinter diesem grauen Himmel ruht
es sind nicht die glänzenden Ranken der Wicken
die sich mit gekringelten Fingern
nach oben tasten
ein Blütenküssen auf die exponierte
Sonne zu
es sind keine Möwen die schreien
vom Hunger des Sommers über das Meer

es ist die tote Frisur
der Winterweinranken
zerzaust vom Rückzug in braunes Gewirr
es sind verlauste Tauben
nur Knöchelchen, staubige Federn
ein wenig parasitenzerfressenes Fleisch
in einem gurrenden Versteck
und Regen, Regen
der einen grünen Schleier schlägt

du bringst mir
Malachit aus Malawi
Sterzblüten aus
steirischen Küchen
aus dem Hindukusch ein
Räusche und Geräusche
schäumendes Instrument –
aber keine einzige
bauchvolle Sehnsucht
kein einziges
windnacktgeblasenes Wort

die Landschaften unserer
Dichter sind trübe

Viehwaggons auf
toten Geleisen
Schaum vor den Nüstern
verstummendes Vieh

es liegt viel Schnee
und viel Nebel auf
zahllosen Gräbern

die Toten stehen auf
sie fanden im Leben
nicht genug Lust

das Land torkelt dumpf
aus dem Wirtshaus
um im Straßengraben
an Erbrochenem zu
erfrieren

allgegenwärtig die Krähen
und blutig
geschossenes Wild

über zerstoppelten Feldern
und Pappeln liegt Rauch
auf Kirchhöfen böses
Allerheiligengeflüster

die Landschaft in unseren
Köpfen ist trübe

TUBA UND GELBHAUT

preisausgeschrieben die Tuba
der Trichter, das Grammophon
hören Sie Schall, hören Sie Mai!
Blechblas und Mundstück und Dampfdämpf davon...

zusammengefesselt mit Schnüren
der gute, der kupferne Schlund
fällt auseinander, fällt in die Seile
Fische schwärmen in Ohrrohr und Mund...

wie gewonnen ist schon die Tuba
die Stimme, der Einklang dringt häusermeertief
kein Einbruch! kein Triebstahl! entgeistert
das Kopfopfer das niemand rief...

süßgeschürzt heilende Schwester
Schweißhaar, müde gekringelt am Bett
lachen Sie auf! entschuldigen Sie!
Nachtdienste fallen auf Boden und Brett...

löchrig wie Lazarus in Lazaretten
die Schläuche, die Venen geschnürt
Herzschwester! du hast die narbige Gelbhaut
im innersten Klangtank gesehn und berührt...

FUCHS

ein Fuchs, ein Fuchs starrt mich an
ein Fuchs den ich nicht zähmen kann
über Heiden und Torfe hat er mich gesehn
er bleibt blickend in meinen Umkreisen stehn

und bleckt die Zähne mit schwarzem Geschau
so fern, so fern, er kennt mich genau
ich habe einen roten Fuchs an der Hand
er durchdringt meine Maske und mein Gewand

er hat meine Finger noch niemals berührt
mit der Nase mich an der Nase geführt
fühl ich den tanzenden Kreis als Distanz
will er mich umschließen mit buschigem Schwanz

er will frei sein und wild sein, hält mit Augen ein Band
ich schlafe auf Erde, er versteckt über Land
ich sehe zwei glimmende Steine im Wald
ich hoffe er flieht, oder nähert sich bald

DER PANTHER IM MODERNEN ZOO

er wandert nicht mehr hinter Rilkes Gitterstäben
und muß den Leib zu kleinen Kreisen biegen
stattdessen heute: jenseits betonierter Wassergräben
sieht man ihn malerisch auf Bäumen liegen.

das Auge des Besuchers kann sich weiden
an einer Welt aus Felsen, Busch und Gras
der schöne Räuber muß gewiß nicht leiden
kriegt er doch täglich seinen toten Fraß.

durch zarte Zäune blickt man auf das wilde Leben
und ist die Wildnis auch nicht echt
und ist der Panther auch von uns umgeben
ist sein Gefängnis dennoch »artgerecht«.

mit vierzig Schritten geht er durchs Gehege.
wir hoffen ehrlich, daß ihm das gefällt –
als ob dahinter keine Freiheit läge
und hinter Wassergräben keine Welt.

IM PACKEIS

im Weltraum hat
es -95°.
der Riß, der alles
trennt, ist überall.
ich bin auf einer Reise
die keine Namen kennt –
Venedig oder Istanbul
wo man noch Düfte oder
starke Farben sah
ein Minarett, das weiße Tropenhemd,
ein mildes Meer, das gelbe
Küsten kämmt
und Ferne, Ferne
mit bunten Flotten oder wilden
Karawanen zu erreichen –
wo Zimt und Anis aus
den Büchern stieg
und eine Flucht mit allen
Sinnen möglich war –
ich will nicht fort.
der Zauberteppich trägt mich nicht.
ich muß vielleicht ertrinken
im Golf von Genua.
und bin auf einer Reise
die keine Namen kennt –
der Riß ist überall, der mich
von allem trennt.

WENN ICH TOT BIN

wenn ich tot bin
wird mein Gehör zur Sichel gekrümmt

mein Gehirn verdunstet zur Wolke
deren Flug Militärexperten verfolgen
bis sie die Landesgrenzen überschwebt

wenn ich tot bin
werden meine Eingeweide so aussehen
wie das Katzenfutter
das vom Schlachthof stinkt

die Kobolde in meinem Kopf
werden hinauswandern und bald
an andere Köpfe klopfen

wenn ich tot bin
kann mein Auge sich wie ein Reaktor
durch den Erdkern brennen und sehen
wie eine Frau auf Pazifikinseln stirbt

mein Puls fällt ins Infrarot

wenn ich tot bin
tötet niemand ein Pferd für mich
damit ich drüben reiten kann

meine Füße werden so feuerkalt
als steckten sie tief vergraben im Schnee

in die Urne werden Asche
und zwei Goldzähne gefüllt

STERNE

am Himmel umflimmert
ein Flugzeug den Stern

und es ist seltsam
je blinder ich werde

desto häufiger sehe ich
Sterne mit Strahlen

sie sind zu bauschigen
Seeigeln aufgestrahlt

ich denke mich nicht fort
zu Fernflügen oder zu Sternen

ich trete mit einem Fuß
voller Stacheln ins Meer

dort an der Nordsee
habe ich nie
im Staub gebadet
nie den Strandkörben
Gutenachtkörner zugeworfen
nie ein schiffeverfolgendes Lied
vom ausgenommenen
Fischfang gekreischt
ich habe nie
eine Düne bebrütet
dort an der Nordsee
nie eine Insel beflogen
bevor sie versank

zieh mir die Bohrwürmer
Bohrtürme nur aus der Nase
400 Meter tief
stählerne Wurzeln
korallenumkrallt
ich kann doch darüber
nicht sprechen
nur darunter
weit unter den glatten
Plattformgepflogenheiten
wo Meernächte
Nachtmahre
höhnen und wohnen
die Rohrwürmer
Pinselpuder verstäuben
mit ihren girlandigen Armen
oder:
ihrem pfeifenputzigen Nasenhaar
es bleibt mein Geheimnis
auch wenn ich alles erzähle
auch wenn das ganze
Wasser verbrennt

TIEFSEE, IM WASSER SIND WIR ZU SCHWER

es gibt Sprengsel
von Vermehrung im Meer
es gibt tausend verirrte Garnelen

und heute
bin ich zu Wasser gelassen
und ruhig
es schreckt mich nicht
das Senkrechtstehen der Fische
die leuchtenden Quallengirlanden:
Umstrickung, die jeder Befreiungsversuch
zu zusammenhanglosen Bläschen zerstört

es ist so finster
und ich sehe dich
wie du mit zahnlückengrinsender Laterne
in der Prozession des Lampionfestes
durch den nächtlichen Garten
des Kindergartens marschierst
(es ist ein Ort in der Zeit der Erzählung)

wenn sie einander nicht auffressen können
dann paaren sie sich
die Nacktschnecken
mit dem Anschein einer mathematisch-
philosophischen Gurkenflasche
deren Innen und Außen
einen Übergang übergeht

es ist so still
mit ihrer Raspelzunge naschen sie Quallen
und ich höre dich zweisilbig
doppelbödig und großlaut
bevor du auftauchst
über den schütteren Felsen
wie ein Mondfisch in einer Mondlandschaft

nachdem du untergetaucht bist
hier unten
(wenn du deine Aufmerksamkeit nicht
nach außen richtest, hoffst du, wird
über deine Aufmerksamkeit nicht mehr gerichtet
von außen)

der Nabelquirl, dein Finger
bildet einen Wirbel
in der bleichen Nacktheit
des Nabels

hier können wir nicht
mit Sätze-Entstellungen spielen
der Wasserdruck
nimmt uns alles vom Mund
die Kiefer kreißen
es werden nichts als Zähne geboren

dabei bitte ich noch
um ein poetisches Verfahren:
Herr Richter, verfahren Sie mit mir poetisch!

wenn wir aber nach oben gepreßt werden
an die farbgestattende Luft
schwimme ich um ein Leben
während du treibst
Toter Mann

meine Hand
auf deiner Schulter
wie eine Epaulette
wie Schlagsahne auf violetter Glasur
wie Schaum
der von einem Wellensturz fliegt

AUFFANGEN, ANGELN

I.
wie Spinnweben schweben
die Angelschnüre
Takelage der Fische
Sonnenstücke
als Luftabschnitte begleißt
gehalten von
Agavengarben
den Fels bestachelnde
Bündel von Ruten
(Halterungen & Haken)
in wegtreibender Dünung
im Dunst

II.
im Nachttauchgang
haben wir keine Vergleiche
alles ist
zahlen- und ziellos
vertieft
ich gleite, begleite
dich zu Albatrossen auf hoher
und Wiesen in tieferer See
hinaus, hinausschwimmen
in Vergangenheiten & Schwärze
ich schenke dir
eine Seemannsuhr
damit du an mich denkend
ins Schwanken gerätst
(und schaukle dich
in ein freibeuterisches Geträume)
das Meer spuckt Schaum
ich bleibe durchsichtig
wie eine glaskluge Garnele
schwimme in die letzten
wässrigen Ritzen
und verzapple in
deiner trocknenden Hand
ich verschwinde
in einer ertrunkenen Höhle

und tauche drei lebenslange
Nächte nicht auf
du wartest
auf meinen Stielblick
einen Körperteil
durch den das Wasser
nicht durchfällt
(mit scheinbar
unscheinbarer Substanz)
eine Lunge
die sich anfüllt mit Farbe
sich wie eine Anemone anfühlt
ich hänge zwischen
deinen fleischverbundenen Armen
sichtbar nur dort
wo ein Lichtblick
mich sieht

EIN WRACK

so ein Wrack ist eine Schatzklammer
in der man silberne Gabeln vermutet
die von Austern aufgefressenen Perlen
die Türen winken
strömungsgeöffnet, gelenkig
an meerschaumgeschmierten Scharnieren
nur ein Kleid bleibt von der
an die Reeling geschlungenen
Passagierin
ihr Collier wird in den
Schlammkammern gesucht
die Riffe wachsen nachts
tags aber
die Spinnennetze zwischen den Riffen

so ein Wrack ist ein
in sich versunkener Körper
schwarze Rohre sind verlegt
überall wachsen darauf die Muscheln
die mutigen Pflanzen
auf den Fischbäuchen bildet sich
ein Verleuchten, Verschimmern
einzelne Diamantkanten, einzelne Schuppen
verfangen sich zu einem Schwarm
auf jedem Besuchsboot
ist ein Mensch der zurückbleibt
wenn alle ins Wasser treten
mit einem großen Schritt nach vorn
die Bewegungbewegung der Wellen
zieht Seile an
zieht Haie an
(die mit dem tief
im Maul verschlossenen Lächeln)

der Tagschatz ist
der Goldregen der Fische
rieselnde Taler
das stumme Abblühen
eines kerzenstrotzenden Baumes
nachts aber befreien sich
die höhlenschlanken Muränen
Langusten wandern
ihren Fühlern hinterher

so ein Wrack ist
eine löchrige Reuse
4 Decks tief
mit Bojen & Kojen & Ketten
mit Luken & einem
untergründigen Schub
das Namensbrett ausgefallen
und jeder schwebt hier mit
lebendigen Gelenken
sei er umnachtet
oder betagt
und rundumrundum schüttelt
ein Fisch seine Punkte:
er wird HARLEQUIN SWEETLIP genannt

SWEET HALLOWEEN

zu Halloween sind
alle Engländerinnen Hexen
die aus brennenden Häusern schreien
und mit ihren Kopftüchern werfen
die einen Wind erzeugen
in den alle Wasserträger gefaßt sind

und die Liebe fällt aus dem Fenster
wie Glas

und über die Moore fleuchen
berittene Lichter

und der Wind saugt seinen Untertrunk
aus dem Kanalärmel
dem spitzzüngigen Atlantik

bis alle Engländermänner
aufgewirbelt sind und
in den Bäumen hängen
bis endlich eine hübsche Flammenblüte
aus dem Fensterrahmen blüht:
home, sweet home

ich flog eines Nachts
zwischen Hochhäusern herum
Fledermausfrau
mit roten, geöffneten Armen
keine Bösewichte zu bekämpfen
das Meer nagte
an meinen Zähnen
die Freiheitsstatue
spie Licht
die Glasfassaden der leeren Büros
verwirrten meine Schatten
ich pfiff in einer Stimme
die niemandem gehörte
unter mir
krachten Autos aneinander
schlugen Männer sich
die Schädel ein
ein Vergnügungsdampfer umrundete
immer wieder
die alte Insel Manhattan
ich putzte mir den Pelz
im Blinken der Flugzeugabwehrsignale
in den Neonwellen
der Theateranlocksignale
schlug mich ein
in den ganzen Mantel meiner Haut
unter einer Feuerleiter
wo ich den Kopf hängen ließ
jemand stieg mir
auf die Finger

NEW HOPE

die herbstallerliebste Sonne
gibt Kraft
geht ein in die rötlichen Bäume

der Nacken ruht aus
die beiden Schlangen im Rücken
entfädeln

ein steiler Weg
hinunter zum Fluß
Holzhäuser schildern
ihre frischgebackenen Speisen

kein Haus: a home!
mit Gänsen im laubbeteppichten Garten
die Mühle klingt ruhig & rund
wie das Leben
(prächtige Füchse des Nachts
in dicken, rötlichen Mänteln)

der Stoffblumenverkauf
for a living
for a living
tragen die Besucherinnen
eine Kreppchrysantheme fort
nach Haus in die Stadt

und fahren hier ewig
im Traum mit dem Holzschiff
das vom Ufer aus Pferde ziehen
in fransigen Schuhen
(ein klingelndes, buntes Gespann)

und ewig
zurück in diesen Nachmittag:
etwas Aderlaub im Auge
goldblinkend fallende Falter

vor einem Himmel
aus dem die Herzblume
Augentrost
immerzu trinkt

LALALA BACARDI RUM

dieses verwöhnte
Inselgezitter
mit einem schmutzlosen
Nachtrand
positiv wie ein Dia
vermummt wie ein Gelbes
im Ei

Trommelgefolge
daran denken
daran denken
daß die Wasserbomben
habachtlachen
im überlichteten
rumfrohen Film

dieses gelangweilte
Schwächegewitter
wenn vor Urlaub
die Muskeln verzagen
Wanzen vom Betthimmel regnen
die gebetene Sonne
kein Hauttief unternimmt

ich bin in einer Koppel
von Pferden
und habe keine Laufversicherung
und keine Garantiezeit
bin ohne vorgesorgt und
nachgeholt zu haben
in meinem ganzen runden Leben
habe ich nichts
zum Leben gekauft
die Nüstern fliegen die Mähnen
keine Schilder sagen mir stop
ich habe keine Straßen gelegt
zwischen die kollernden Hufe
vielleicht schlägt dieser Stein aus
zum Funken zum Brand
die Sonne blickt unreif
wie eine Limette
panische Augkugeln rollen vorbei
ich bin eingefaßt zwischen
roten Gebirgen
und in der Koppel
laufen die Pferde:
umzäunt, ungezäumt

über die tuschelnden Blätter
nach Regen
habe ich in mein kleines
rotes Buch der Krise
gelacht
Stampeden
von wilden Pferden
die über Farmerszäune gehen
hab ich mir wirbelnd
ausgedacht
und ob es Schnee ist
oder Blütenstaub
was von gepeitschten Ruten
weht
hat meiner Sicht
nichts ausgemacht

verstehst du was
zählt ist was zählt ist
das Zählen

hier draußen am
Blockhaus dem Kopfhaus
am See

der gefingerten Tage
die kosten die kosen
so zahllos

und ein Caribou
schwimmt vorbei.

der Geweihe der
Enden verstehst du
wie ein

Weihnachtsbaum
ausladend einladend
im Schmuck

und der See geht
unter im Verwunschfluch
ganz stündlich

und ein Caribou
schwimmt vorbei.

was vergeht ist
verstehst du
die Zählsucht

über Tische
starren Finger sich
paarweise an

jede Maßnahme
schlägt ins Licht
eine Lichtung

und ein Caribou
schwimmt vorbei.

ich bin gewappnet
mit Abrutschen des Felses
habe auf Geröllhalden
das Bluten geübt
die Muttergottes
strich vorbei an mir
mit ihrem sternen-
saugenden Mantel:
sie, die mir ihren
flammenden, entwarnenden
Zugriff entzog
ich versuche das
Hinunterkollern
in den Ureinöden
immer besser
zu erlernen
und stelle mich an
im Gestänge der Göttin
wie bei der Bank
oder Post

ich bin nicht Freitag
ich bin Mittag
ich bin die Frau und
nicht ihr Speer

zwischen Beeren, zwischen Beeren
krümmt sich ein lauernder Rücken
ich bin Sammler, sagt der
Einsiedler, wer aber sammelt
mich?

da, ein Schemen, ein Hirsch
mit einem Kreuz zwischen
Zähnen, mit einem Strahlen
zwischen Geweih

Scherenschnitt, Hirsch, willst
du mich bekehren, wo ich
heute noch Jägerin bin?

die Pfandflaschen und die
Altkleidersammlung, lieber
Sammler, streck dich aus
dem Gebüsch

ich bin nicht Freitag
ich bin Mittag
ich bin der Tiger
nicht das Fell

ich liege still
bin deine erstarrende Beute
du hast mich aufgestöbert
mir die Halsader geküßt
mir das Fell weggezogen
unter den Pfoten im Schnee
du hast mein Fell
davonschwimmen lassen
du hast mich am Hals
in das Wasser getrieben
mir einen Blattschuß aufgeherzt
mir den Fang gegeben
mit deiner kalten,
verwahrlosten Waffe
du hast mir ein Wort
eingeträufelt
einen tödlichen Giftsatz
ins Ohr eingeleert
während ich schlief
in den grün ummauerten Gärten
du hast mich aufgemüdet
mir das Auge gebrochen
ich liege still
ich bin deine
erstarrende Beute

ERDRANDSIEDLER I

das Dorf ist eine Scheibe
und finster ist ihr Rand.

die eingestürzte Höhlendecke gibt
den Blick auf eine Lichtwelt frei
mit Frühlingskraut und Wurzelbaum am Fels
und Schatten
die von Habicht oder Händen sind.

doch dann ist Nacht
ein schwerer Sog wie Anthrazit
die Opfergaben welken in den Nischen.

ringsum ein Fremdes
und das Fremde innerlich
ein Reich der Unsichtbaren und der Monster.

dort draußen ist das Ende
an dem die Nebelwelt beginnt
die Pflanzen fressen Tiere
die Dunkelheiten uns.

ERDRANDSIEDLER II

wir sind ausgezogen
um den Garten Eden zu finden
um aus dem Jungbrunnen zu trinken
um Riesen und Zwerge zu sehen

wir sind ausgefahren
die mit den langen Ohren zu finden
deren Nacktheit sich in einen Lappenmantel hüllt

wir sind ausgeritten
um in der Sonne die mit Dächerlippen zu erblicken
und die mit einem riesengroßen Schattenfuß

wir haben auf Bildern
Menschenartige ohne Köpfe gesehen
deren Gesicht eingeschrieben war in die Brust

wir haben gehört
von den hundsköpfigen Völkern
und ihrer gliederzerhackenden Menschenauffresserei

wir haben alles gelesen
über die Sichtung von Meerbischöfen und -mönchen
die schuppenkuttig schwimmen zwischen
Meerjungfrauen mit Kind

wir sind ausgezogen
und haben alles gefunden
die wilden Frauen
und die Wilden
die mehr anders als artig sind

wir sind ausgefahren
und haben alles gefunden
uns selbst
und die Monster
die wir sind

IM PACKEIS

1 Jahr im Packeis
gedriftet
eingeschlossen
mit plumpem Rumpf
wie die »Admiral Tegetthoff«
von Eisen über die
Meere gezerrt
das Steuerruder im schwarzen
Wasser hilflos versenkt
auf eine gleißende
Scheibe gespien und in
größere Bewegungen
gezwängt
umwandert von Bergen
aus gepreßtem Schnee
24 Stunden Licht
ein ewig offenes Auge
(und unabweichliche Nacht)
1 Jahr im Packeis
ein Loch freihaltend
zwischen unübersehbaren
Schollen die
ihre eigenen Wege gehen
zu unerhofften Entdeckungen
führen von fest
im Eis verharrenden
Inseln
schroffen Buchten
und klirrenden Kaps
die ich mit Namen
aus meiner milderen Zone
benenne

INHALT

KOPFREISEN, KOORDINATEN

CHAITÉN	9
LUXOR	11
REYKJAVÍK	13
ULAANBAATAR	15
ZARAMAG	17

AM HERD

WERKSTATT	21
WAS BLIEB	22
IN MEINER NACKTHEIT TRÄUME ICH	23
HAUSMÄRCHEN	24
GEDICHT FÜR EIN GRUNDSTÜCK	26
AM LUNZER SEE	27
AM MICHELBERG	29
KITZECK	30
AU-ABEND	31
DER UNTERIRDISCHE SEE BEI HALLSTATT	33
ABENDSTIMMUNG AM LOSER	34
ALS KIND EIN SPAZIERGANG BEI HELLBRUNN	35
ALS KIND EIN SPAZIERGANG BEI LOFER	36
HEIßLUFTBALLONS	37
DER TEPPICH	38
WEIHNACHTSZEIT	39
IN DER SCHLARAFFENHÖHLE	40
ZUM ZAUN ZURÜCK	41
DAS KIND IN MEINEM HUNGER	42
NETZE	44
DU BRINGST MIR	45
DIE LANDSCHAFTEN UNSERER DICHTER	46
TUBA UND GELBHAUT	47
FUCHS	48
DER PANTHER IM MODERNEN ZOO	49
	50

IM PACKEIS

IM WELTRAUM	53
WENN ICH TOT BIN	54
STERNE	55
DORT AN DER NORDSEE	56
ZIEH MIR DIE BOHRWÜRMER	57
TIEFSEE, IM WASSER SIND WIR ZU SCHWER	58
AUFFANGEN, ANGELN	60
EIN WRACK	62
SWEET HALLOWEEN	64
ICH FLOG EINES NACHTS	65
NEW HOPE	66
LALALA BACARDI RUM	67
ICH BIN IN EINER KOPPEL	68
ÜBER DIE TUSCHELNDEN BLÄTTER	69
VERSTEHST DU	70
ICH BIN GEWAPPNET	71
ICH BIN NICHT FREITAG	72
ICH LIEGE STILL	73
ERDRANDSIEDLER I	74
ERDRANDSIEDLER II	75
IM PACKEIS	76

S. 5: © Marie Luise Kaschnitz: Orte, Insel Verlag, Frankfurt 1973.

© 2001 Franz Deuticke Verlagsgesellschaft m. b. H., Wien–Frankfurt/Main
Alle Rechte vorbehalten.

www.deuticke.at

Fotomechanische Wiedergabe bzw. Vervielfältigung, Abdruck,
Verbreitung durch Funk, Film oder Fernsehen sowie Speicherung
auf Ton- oder Datenträger, auch auszugsweise,
nur mit Genehmigung des Verlags.
Umschlaggestaltung: Franz Hanns
Druck: MANZ CROSSMEDIA GmbH & Co KG, Wien
Printed in Austria
ISBN 3-216-30458-2